UN

DERNIER MOT

A PROPOS DU MODE DE SCRUTIN

APPLICABLE AUX

ELECTIONS LÉGISLATIVES

PAR

P. RAMOND

Ancien Auditeur au Conseil d'État

PARIS

AMYOT, ÉDITEUR, 8, RUE DE LA PAIX

—

1875

UN
DERNIER MOT

A PROPOS DU MODE DE SCRUTIN

APPLICABLE AUX

ÉLECTIONS LÉGISLATIVES

Il n'est jamais trop tard pour tenter de faire entendre la voix de la logique et du bon sens, lorsque les principaux partis qui se flattent tour à tour de sauver le pays semblent s'acharner dans une lutte suprême d'intérêts personnels, à propos d'une question de première importance.

Il n'est jamais trop tard pour conjurer ces partis de déposer leurs idées préconçues, leurs préventions et leurs haines, pour ne songer enfin qu'aux intérêts communs.

Avant donc que la question du mode de scrutin pour les élections législatives soit définitivement réglée, nous croyons de notre devoir de rappeler encore les principes qui seuls pourraient apaiser cette lutte funeste et rendre à notre Pays, avec le calme et l'équilibre à l'intérieur, le rang qui lui appartient dans le monde.

Nous savons, hélas! que dans les temps troublés où les maux dont on est accablé réclament impérieusement un remède prompt et énergique, trop souvent, pour comble de misère, l'état de prostration causé par la souffrance même est un obstacle à l'acceptation de tout ce qui pourrait ramener la vie, la santé, la prospérité;

cercle vicieux, fatal, qui semble marquer les époques où la Providence a voulu le plus rudement châtier ses enfants, en leur enlevant à la fois et les forces physiques et la raison pour réparer ces forces.

C'est ce qui se passe de nos jours.

Aussi ne sommes-nous pas assez naïf pour espérer l'application immédiate des moyens indiqués par la nature même des choses, mais nous sommes pleinement convaincu qu'on y aurait déjà depuis long-temps trouvé le salut, si, à notre tête, n'étaient, à côté de quelques hommes d'une loyauté incontestable, d'autres hommes qui voient dans l'emploi de ces moyens l'anéantissement de leurs rêves égoïstes.

Cependant, quelle que soit l'obstination

d'un grand nombre de Français, l'honnê-
teté ne nous oblige pas moins à tenter de
réagir de toutes nos forces contre ces fu-
nestes tendances; et c'est pour cela que
nous ne craignons pas de proclamer au
dernier moment les règles dont l'observa-
tion préviendrait toutes les difficultés poli-
tiques, en rendant le Gouvernement facile
à supporter par le plus grand nombre et
profitable à tous.

Si nous n'obtenons pas qu'on nous écoute,
nous aurons du moins fait notre devoir.

Déjà, lorsque, après la guerre, on nous
a conviés, en toute hâte, à élire une Assemblée qui devait être notre mandataire
auprès de l'ennemi, notre sens commun
demanda, dans sa simplicité, pourquoi
nous n'étions pas d'abord consultés sur la
manière dont nous voulions qu'on procédât
à ces élections.

En effet, et pour ne pas parler que des deux modes d'élection en usage dans notre pays, nous pensions avec tout le monde que, choisir ses députés un à un, n'offre pas du tout le même résultat que les élire en bloc, sur une liste dressée. d'avance et composée, pour ainsi dire, dans un premier travail d'élection.

Sans rechercher la valeur de chacun de ces deux systèmes, question déjà trop discutée, il était évident que chacun d'eux devait avoir tels avantages ou tels inconvénients que ne présentait pas l'autre.

Depuis cette époque, cette question a tellement passionné l'opinion que, dernièrement encore, ne s'arrêtant pas à diviser les partis entre eux, elle les a divisés eux-mêmes en fractions.

Après la guerre, donc, on nous fit observer que, étant sous la main de la Prusse, le moment n'était pas venu de soulever la question du mode de nomination de l'Assemblée.

Le plus sage était, disait-on, de se taire et de nommer sans délai une Assemblée, comme le demandait le vainqueur, afin que, le plus tôt possible, nous pussions voir la Capitale et ensuite le Pays délivrés de la présence de l'armée allemande,

On ajoutait que, du reste, cette Assemblée, élue pendant le séjour de l'ennemi, sentirait d'elle-même combien un mandat donné dans des circonstances aussi pénibles et aussi délicates devrait lui peser, et qu'elle se retirerait au plus tôt, laissant la place à une autre Assemblée nommée dans des temps moins difficiles.

Devant ces raisonnements, nous fîmes taire nos scrupules, et nous déposâmes silencieusement notre vote en attendant l'accomplissement des prévisions énoncées.

Mais, aujourd'hui, le vainqueur n'est plus dans nos murs !

Une Assemblée doit, enfin, pour la première fois depuis de longues années, être librement élue, et l'on continue à se poser la question de savoir dans quelle forme les élections auront lieu, de quelle manière la Patrie sera représentée, sans paraître songer à le demander à la Patrie elle-même !

Chacun manifeste ses préférences basées sur des raisons qu'il dit excellentes, mais, au milieu de tous ces avis, le seul avis que l'on néglige de produire est celui de la partie intéressée, celui de la Nation !

Pourquoi ne pas lui avoir nettement posé cette question?

N'est-elle donc pas capable d'y répondre et n'a-t-elle pas seule le droit de la résoudre?

Se pourrait-il, vraiment, que, de nos jours, nous fussions aussi peu respectueux de la liberté de la France, qu'au moyen âge on était peu soucieux de la liberté des personnes dont on enchaînait le sort sans les consulter?

Non!

Avant tout, s'il existe encore quelque respect de la dignité de la France et quelque souci de ses destinées, que la question du mode de nomination des députés soit d'abord franchement posée à la Nation; vous procéderez ensuite à l'élection des futurs députés qui pourront alors se dire, à juste titre, les vrais représentants des vœux et des aspirations du Pays.

Dans l'espoir de voir triompher les principes de vos préférences en cette matière, vous avez procédé, les uns et les autres, à des enquêtes plus ou moins incomplètes, plus ou moins contradictoires ; mais quelle enquête peut être plus sûre que celle faite par la voie du scrutin même dans la France tout entière ?

De plus, dans une question si obscure et dont les conséquences doivent être si graves, de quelle terrible responsabilité ne déchargeriez-vous pas ainsi vos consciences pour l'avenir ?

Demandez au Pays son avis !

La minorité s'inclinera devant l'intérêt

général et vous inaugurerez ainsi, avec une sage politique, un grand état de choses.

Le Pays, voyant qu'il a posé lui-même la première pierre des fondations de son édifice politique, se sentira dès lors vraiment majeur pour régir ses affaires.

Il quittera désormais le manque d'initiative qu'on lui reproche parfois, et comprendra quelle sagesse et quelle prudence lui imposent les droits qu'il exerce.

Puisque nous avons délaissé, en politique, un système de tradition jadis fructueux, mais aujourd'hui stérile, appliquons à toute question fondamentale un système conforme tant aux principes naturels qu'aux principes constitutionnels républicains et aux principes de notre dernière constitution monarchique ; un système indiqué, pour ainsi dire, par l'instinct même des peuples, et fréquemment pratiqué de nos jours, sans troubles et sans difficultés, en Amérique et chez les Suisses, nos voisins, le système de l'appel direct à la Nation.

Tel est le moyen honnête et loyal que l'histoire s'étonnera un jour de voir si souvent proposé pour la solution des problèmes de notre politique contemporaine, et si longtemps négligé par les hommes responsables de nos destinées.

Tel est le système pratique que nous voudrions voir appliqué au cas particulier du mode de votation pour les élections législatives.

Mais, nous le répétons, nous savons que le véritable obstacle à l'adoption d'une proposition si simple, est la présence, dans l'Assemblée, d'hommes dont l'esprit de parti aveugle le patriotisme.

Ceux-là se refusent obstinément à reconnaître de bon gré l'évidente nécessité d'un tel moyen.

Nul ne sait combien de temps ils s'y refuseront encore, mais, au nom des intérêts sacrés de tous les Français, au nom du salut de la Patrie elle-même, nous les supplions de ne pas prolonger leur funeste entêtement jusqu'à ce que de nouvelles catastrophes, amenées par leur aveuglement, viennent imposer silence à tous les partis consternés, pour ne plus laisser résonner que la grande voix de Dieu, qui sait alors se faire entendre par la bouche du bon sens humain.

P. RAMOND

Ancien Auditeur au Conseil d'État.

www.ingramcontent.com/pod-product-compliance
Lightning Source LLC
Chambersburg PA
CBHW061604050726
47595CB00009B/3987